Su Majestad, la gran reina de Turulandia, esperaba el nacimiento de un Príncipe, heredero de la Corona.

Pero la cigüeña les trajo a Sus Majestades una niña tan bonita y tan blanquita de cara que por nombre le pusieron Blancanieves.

Poco después, su mamá la Reina murió, y el papá de Blancanieves, el Rey de Turulandia, se casó con una dama de la Corte.

Pero la nueva Reina se creía muy hermosa y se pasaba el día mirándose al espejo y preguntándole quién era la más bella del Reino.

Al crecer Blancanieves, su madrastra, celosa de su belleza, ordenó matarla a un escudero, pero éste, compadecido de Blancanieves...

...no la mató sino que la abandonó en el bosque. Aquella noche, cansada de andar, Blancanieves divisó una casita a lo lejos.

Era la vivienda tan pequeñita que Blancanieves apenas cabía en ella. En la casita vivían los Siete Enanitos.

Y los Enanitos se compadecieron de Blancanieves, le dieron de cenar y ella, agradecida, se quedó allí para cuidarles la casa.

Como en la casita todo era tan pequeño, juntaron las siete camas para que Blancanieves pudiera dormir con comodidad.

Mientras ella dormía, los Siete Enanitos la contemplaron, maravillados de la hermosura de la joven, que parecía un ángel.

Todas las mañanas, los Enanitos se marchaban al bosque a trabajar, recomendándole a Blancanieves que no le abriera la puerta a nadie.

Pero el espejito le reveló a la malvada Reina que Blancanieves seguía viva y que era la más guapa del Reino.

Muy enfadada, la madrastra decidió matar a Blancanieves obsequiándola con una manzana envenenada.

Y después de disfrazarse como una viejecita, se marchó en busca de la pequeña casita de los buenos Siete Enanitos.

Cuando la madrastra llegó a la casita, arrojó la manzana envenenada dentro, con la esperanza de que Blancanieves se la comiera.

Y efectivamente, Blancanieves, al ver una manzana tan grande y apetitosa, no pudo resistir la tentación y se la comió.

Y cuando los Siete Enanitos regresaron del bosque encontraron a la pobrecita Blancanieves muerta en el suelo.

Los Enanitos, furiosos, persiguieron a la cruel madrastra, pero ella, con sus poderes de bruja, huyó volando.

Pero al mirar hacia atrás para burlarse de los Enanitos, chocó contra una roca y al mismo tiempo un rayo espantoso la mató.

Al caer, se abrió la tierra y se tragó a la malvada madrastra que, en realidad, era una bruja.

Los Enanitos volvieron a casa y, muy apenados, colocaron a Blancanieves dentro de un ataúd de cristal.

Después, llorando desconsoladamente, se llevaron a Blancanieves dentro de su ataúd...

...a lo más alto del monte. Y allí iban cada día a verla y a llorar, y lo mismo hacían las aves y los animalitos de la región.

Un día, un Príncipe de un país lejano pasó por la casita de los enanitos y éstos le contaron la triste historia de Blancanieves.

Lleno de curiosidad, el Príncipe acompañó a los Siete Enanitos en su visita diaria a la desdichada joven muerta.

El Príncipe ordenó llevar el ataúd a su país y con las sacudidas del viaje Blancanieves expulsó la manzana y así volvió a la vida.

El Príncipe, que se había enamorado de Blancanieves a pesar de estar muerta, se alegró mucho al verla resucitada.

Al llegar a su país, el Príncipe le pidió al Rey, su padre, permiso para casarse con la hermosa Blancanieves.

Unos días más tarde, Blancanieves se casó con el Príncipe, en medio del regocijo de todo el pueblo.

Y los dos se fueron en una bella carroza a recorrer todo el país para que sus habitantes conocieran a su nueva Princesa.

Al enterarse de la noticia, los Siete Enanitos se alegraron tanto, que rompieron a bailar llenos de gozo.

© Editors, S. A. - Edición: noviembre 1989 - Dep. Legal: B. 81.499-89 - ISBN: 84-7561-074-9 - ISBN: 84.7561-076-5 (obra completa) - Impreso en España por Alvagraf, S. A., Gerona, 6, La Llagosta (Barcelona) Printed in Spain.

Y desde entonces, el Príncipe y Blancanieves vivieron felices en aquel país, que era el País de las Hadas.